KNAUR

Über den Autor:

Andreas Pogoda berät seit vielen Jahren Markenfirmen und interessiert sich deswegen sehr dafür, was Männer und Frauen so von sich geben. Er lebt und arbeitet in Hamburg.

Andreas Pogoda

Hörst du mir eigentlich zu?

100 SÄTZE, die nur FRAUEN sagen

KNAUR

Besuchen Sie uns im Internet:
www.knaur.de

Vollständige Taschenbuchausgabe September 2018
Knaur Taschenbuch

Ein Imprint der Verlagsgruppe
Droemer Knaur GmbH & Co. KG, München

Covergestaltung: HildenDesign.de
Coverabbildung: © HildenDesign, Veronika Wunderer
Gestaltung und Satz: Sandra Hacke
Druck und Bindung: GGP Media GmbH, Pößneck
ISBN 978-3-426-78988-9

2 4 5 3 1

Hörst du mir eigentlich zu?

1.

Ja, aber …

2.

Ach, und hier wäre
ein Parkplatz gewesen.

3.

Alles muss ich alleine machen!

4.

Bring doch mal die Pfandflaschen weg.

5.

Dafür kann man es nicht selber machen.

6.

Ich brauche noch
eine Übergangsjacke.

7.

WENN'S SEIN MUSS.

8.

Der hat sich
vollgeschissen
bis zur Halskrause.

9.

Dann brauchen wir das
morgen nicht zu machen.

10.

Wer hat denn den
Dreck durch die ganze
Wohnung getragen?

11.

Das gibt's
auch in
kleiner.

12.

Was wird DAS denn?

13.

Ab Mittag regnet es.

14.

Mal muss man,
mal muss man nicht.

15.

Das kann man
ja nicht alles
wegschmeißen!

16.

Wenn sie es mir schon sagt, wem sagt sie es dann noch?

17.

Davon bekommst du
nur noch mehr Durst.

18.

Ich rufe eben
meine Mutter an.

19.

DECK DICH SCHÖN ZU!

20.

Dem muss mal
einer sagen,
dass er sich mal
waschen soll.

21.

Der Friseur war billig.

22.

Was hat die denn mit
ihren Haaren gemacht?

23.

Die andere
Warteschlange
wäre besser gewesen.

24.

Ich lasse
meine Stufen
rauswachsen.

25.

Die haben nichts
in meiner Größe.

26.

Iss dich nicht satt,
es gibt gleich Essen.

27.

Das nimmt
im Koffer nur

GANZ WENIG

Platz weg.

28.

Ich bin gleich da.

29.

Die Schuhe sind
nicht neu, die habe ich
schon ganz lange.

30.

Hast du schon
Zähne geputzt?

31.

Die Sonne kommt gleich rum.

32.

Ich warte,
bis es das Teil
im Sale gibt.

33.

Das schmeckt morgen
nicht mehr.

34.

Wir wollten uns
nur mal umschauen.

35.

OSTERN LIEGT
DIESES JAHR
GANZ FRÜH.

36.

Das stecke ich **einfach** *in die Waschmaschine.*

37.

Es muss ja ganz ordentlich geschneit haben.

38.

Das ist mir einfach zu viel.

39.

Fällt dir nichts auf?

40.

Frauen können BEIDES.

41.

Muss ich Haare waschen?

42.

Ganz manchmal
ist das so.

43.

*Guck mal,
wie die DEN
rumlaufen
lässt.*

44.

Da sieht man nicht alles drauf.

45.

Sag Papa Gute Nacht.

46.

Du hast da ein Haar.

47.

HAT ER DAS WIRKLICH GESAGT?

48.

Was wollen wir denn am Wochenende essen?

49.

Hier ist es im Sommer
bestimmt schön.

50.

Du hörst ja gar nicht zu.

51.

Das kann man nicht ändern.

52.

HIER IST
ES SCHÖN
GESCHÜTZT.

53.

Du kannst doch nicht
alles wegwerfen!

54.

Nicht mit den Zähnen aufmachen.

55.

Wo kommst du denn JETZT ERST her?

56.

ICH HABE
AM MONTAG
ZEHN BLUSEN
GEBÜGELT.

57.

Heb die Füße hoch!

58.

Kann ich
das Rezept haben?

59.

Ich habe heute GELD gespart.

60.

Du guckst
immer gleich.

61.

Im ganzen Haus
riecht es nach Essen.

62.

Im Sommer
schmeckt das nicht.

63.

Die kann
auf ihren Schuhen
nicht laufen.

64.

In dieser Küche
hat man auch
KEINE Stellfläche!

65.

Das wird ja gar nicht
richtig heiß.

66.

Iss mal ordentlich!

67.

Ohne Frühstück geht ihr mir **nicht** *aus dem Haus.*

68.

IST GRÜN!

69.

Jetzt weiß ich auch,
warum die gestern Abend
nicht gekommen ist.

70.

Du bist auf dem Rücken
noch ganz nass.

71.

KALT KOCHEN KANN ICH NICHT.

72.

Ich habe NICHTS zum Anziehen.

73.

Kann man die Gerichte
im Menü auch tauschen?

74.

Die stecke ich
um sieben ins Bett.

75.

Kannst du
mir mal
den Rücken
eincremen,
bitte?

76.

MACH DIR
DOCH
LICHT AN.

77.

Die sind nach uns gekommen und bekommen vor uns ihr Essen!

78.

Manchmal könnte ich sie
an die Wand klatschen.

79.

MUSST DU so schnell fahren?

80.

Nicht an der Hose abwischen!

81.

Was sagst du zu
der Farbe?

82.

Nicht reiben!

83.

Ich will
auch mal
Feierabend
haben.

84.

DAS KANN
SICH NOCH
VERWACHSEN.

85.

Nicht wegschmeißen,
das verkaufe ich
auf dem Flohmarkt.

86.

Oh, jetzt geht's stramm
auf Weihnachten zu.

87.

Die Tage werden schon wieder kürzer.

88.

Wo hab ich denn meine Handcreme gelassen?

89.

Sag du doch
auch mal was!

90.

Schön, dass wir
den Film zusammen
gesehen haben.

91.

SETZ EINE
MÜTZE
AUF!

92.

Siehst du,
da haben
wir doch alles
RICHTIG
gemacht.

93.

So geh ich da
mit dir nicht hin.

94.

Du schnarchst.

95.

Steht dir!

96.

Und jetzt
ist auch noch
mein Kind krank.

97.

Dann habe ich noch
ein Stündchen mit meiner
Freundin telefoniert.

98.

Vom Gucken
werde ich nicht satt.

99.

Woran denkst du?

100.

Ich mache **alles**, *und du machst* **nie** *was.*

Eigene **Sätze:**